NOUVEAU TEXTE

DU LIVRE IIIe

DU

Code de Commerce,

PRÉSENTÉ

A LA SOCIÉTÉ LIBRE DU COMMERCE
ET DE L'INDUSTRIE DE ROUEN,

PAR

LA COMMISSION CRÉÉE LE 1er OCTOBRE 1833, POUR LA RÉVISION
DE CE CODE,

D'APRÈS LE PROJET DE M. ***, L'UN DE SES MEMBRES.

Membres de la Commission, MM.

NARCISSE LEBAS , président de la Société en 1833 ; LÉONOR NÉEL , président
en 1834 ; LEMOYNE-JOURDAINNE, président de la Commission ;
BARD FILS ; CREPET FILS AÎNÉ ; DENIS LALLEMAND ;
J.-CH. LEBRETON ; LEMARCHAND AÎNÉ ;
DUJARDIN AÎNÉ, secrétaire
et rapporteur.

Ire PARTIE.

ROUEN,

IMPRIMERIE DE NICÉTAS PERIAUX,

RUE DE LA VICOMTÉ, 55.

—

JUIN 1834.

OBSERVATIONS PRÉLIMINAIRES.

Les chiffres entre deux parenthèses indiquent les numéros des articles du Code français et du Code belge, où les dispositions ont été puisées.

Les nombres 437 à 614 appartiennent au Code français, et les autres au Code belge (titre III, intitulé : *Des Sursis de Paiemens.*)

Les mots en caractères romains sont extraits de l'un et de l'autre Code; ce qui est tiré du Code belge est précédé et suivi de guillemets.

Les modifications apportées à l'ancien texte, et les dispositions nouvelles, sont en *caractères italiques.*

Les motifs seront développés lors de la discussion.

CODE DE COMMERCE.

LIVRE IIIᵉ.

DES

SUSPENSIONS DE PAIEMENS,

FAILLITES ET BANQUEROUTES.

DISPOSITIONS GÉNÉRALES.

ARTICLE PREMIER. (437.) Tout commerçant qui cesse ses paiemens est en état *de suspension ou* de faillite.

Sera, sous ce rapport, assimilé au commerçant, tout individu qui, ayant fait des actes de commerce, n'acquitte pas les engagemens qui en sont la conséquence.

2. *La suspension est l'état du commerçant qui, forcé, par un événement extraordinaire et imprévu, de cesser ses paiemens, établit par son bilan, par des livres tenus régulièrement et conformément aux dispositions des art. 8, 9, 10 et 11 du présent code, et par autres pièces probantes, non-seulement que son actif est suffisant pour couvrir son passif, en capital, frais et intéréts, mais encore qu'un délai lui est indispensable pour opérer les recouvremens nécessaires au paiement de ses dettes.*

3. *La faillite est l'état du commerçant qui, ayant cessé ses paiemens, ne peut faire les justifications exigées par l'article précédent.*

4. (438.) Tout commerçant failli qui se trouve dans l'un des cas de faute grave ou de fraude prévus par la présente loi, est en état de banqueroute.

5. (439.) Il y a deux espèces de banqueroutes : la banqueroute simple et la banqueroute frauduleuse.

(595.) *Tous les cas de banqueroute sont jugés par les Cours d'assises, avec l'assistance d'un jury composé seulement de commerçans.*

6. (440.) *Le commerçant qui aura cessé ses paiemens sera* tenu d'en faire la déclaration dans les trois jours, *et de déposer son bilan, ou état passif et actif de ses affaires, certifié par lui.*

Cette déclaration *et ce dépôt seront* faits au greffe du Tribunal de commerce *dans l'arrondissement duquel le commerçant a son principal établissement.*

Le greffier en dressera procès-verbal, énonçant :

1º *Les nom, prénoms, profession et demeure du com-merçant ;*

2º *Ceux de chacun des associés solidaires, s'il y a société en nom collectif;*

3º *La raison sociale ;*

4º *Les lieux où sont situés les divers comptoirs, maga-sins, ateliers, etc., du commerçant ;*

5º *Le jour où il aura cessé ses paiemens ;*

6º *Les totaux du passif et de l'actif, d'après le bilan.*

TITRE Ier.

DE LA SUSPENSION DE PAIEMENS.

7. (3.) *Le commerçant qui se trouvera dans le cas prévu par l'art. 2, pourra présenter au Tribunal de commerce une demande en sursis, contenant :*

« L'exposé des faits » *qui auront amené la suspension de ses paiemens ;*

La date de la déclaration prescrite par l'art. 6 ,

« Et la soumission de continuer, pendant la durée du sursis , la gestion de ses affaires, sous la surveillance d'un ou de plusieurs de ses créanciers. »

8. *Si, des pièces produites, il ne résulte pas une présomption suffisante que l'exposant soit, en effet, dans les cas prévus par l'art. 2 , le Tribunal de commerce le constituera de suite en faillite, à dater provisoirement du jour indiqué en la déclaration prescrite par l'art. 6.*

Dans le cas contraire, le Tribunal déléguera, séance tenante, pour procéder à l'examen de la demande, un ou plusieurs de ses membres, qui se feront remettre par l'exposant ses livres et toutes les pièces nécessaires pour la vérification des faits mentionnés en la requête. Par le même jugement, le Tribunal désignera au moins trois créanciers qui aideront les commissaires dans leur vérification, et présenteront toutes les observations qu'ils jugeront convenables.

9. *Les juges délégués feront leur rapport dans les trois jours.*

10. *Dans le jour qui suivra le rapport, le Tribunal s'assemblera extraordinairement.*

Il ne pourra statuer qu'au nombre de cinq membres au moins. Il en sera de même lorsqu'il s'agira de prononcer sur l'un des cas qui seront énoncés dans la suite du présent titre.

11. *Si les faits exposés sont reconnus constans ; si l'exposant se trouve exactement dans le cas prévu par l'art. 2, et si sa probité est notoire, le Tribunal pourra lui accorder un sursis de quarante jours au plus.*

Le jugement sera susceptible d'opposition jusqu'au jour de l'assemblée ci-après prescrite (art. 22); *il sera néanmoins exécutoire par provision.*

12. *Si l'une des conditions prescrites par les art.* 2 *et* 11 *n'est pas remplie, le Tribunal constituera l'exposant en état de faillite, comme il est dit à l'art.* 8, *premier paragraphe.*

13. (454—9.) Par le jugement qui *accordera un sursis*, le Tribunal nommera un de ses membres commissaire *de la suspension*, « et un ou plusieurs créanciers » *de l'exposant, surveillant de la gestion.*

Les *surveillans* seront révocables par le tribunal qui les aura nommés.

14. (10.) « *Le commerçant* qui a obtenu un sursis ne peut, *pendant sa durée*, aliéner ni grever ses biens meubles ou immeubles, ni recevoir, ni payer aucuns deniers, ni faire des actes d'administration, sans l'assistance ou l'autorisation des surveillans. »

15. *Les opérations habituelles seront continuées ; mais les achats ne seront faits qu'au comptant.*

Si, cependant, il y a nécessité, dans l'intérêt de tous, d'emprunter des sommes pour le salaire des ouvriers, ou pour toute autre cause aussi urgente, et d'acheter des matières premières à terme de paiement, les emprunts et les achats seront privilégiés ; mais, avant d'être effectués, ils devront être autorisés par le juge-commissaire, qui en appréciera l'opportunité.

16. (11.) « Pendant la durée du sursis, » *aucune action ne sera intentée contre le débiteur ; les poursuites commencées seront suspendues, et il ne pourra être fait contre lui que des actes conservatoires qui lui seront signifiés en la personne des surveillans.*

Ces dispositions ne sont pas applicables aux salaires des ouvriers employés dans les manufactures, ateliers, magasins, etc., pour ce qui est dû sur la quinzaine qui a précédé la suspension, et sur la quinzaine courante.

17. (12.) « Le sursis ne profite pas au co-débiteur et aux cautions. »

18. (458.) Le juge-commissaire adressera au Tribunal de commerce son rapport sur toutes les contestations que la *suspension* fera naître.

Ce rapport sera communiqué aux parties, avant les plaidoiries.

19. *Le juge-commissaire siégera aux audiences où les contestations seront portées, pour y soutenir ses conclusions ou en prendre de nouvelles, s'il le trouve convenable.*

20. (458.) Il sera, *en outre*, chargé d'accélérer *la vérification des livres et du bilan.*

Les surveillans lui soumettront toutes leurs opérations, et lui fourniront tous les renseignemens qu'il jugera à propos de réclamer.

21. (461.) *Les surveillans entreront en fonctions dans les quarante-huit heures de leur nomination ; néanmoins, ils ne pourront les exercer* avant d'avoir prêté serment, devant le *juge*-commissaire, de bien et fidèlement *remplir le mandat qui leur est confié.*

Il sera dressé acte de la prestation de serment, par le juge-commissaire assisté du greffier.

22. (500.) *Dans les trois jours qui suivront la prestation de serment, les surveillans prendront inscription,* au nom de la masse des créanciers, sur les immeubles *du débiteur.* L'inscription sera reçue sur un simple bordereau énonçant

de mauvaise foi pendant la durée du sursis, ou s'il cherche à préjudicier à ses créanciers. »

30. (14.) « Le sursis sera également révoqué, si, pendant sa durée, l'état des affaires du *débiteur* s'est tellement détérioré, même sans faute, que l'actif ne suffise plus pour couvrir le passif. » *Mais, dans ce cas, il ne sera procédé que conformément à l'art.* 8, 1ᵉʳ *paragraphe.*

31. (495.) Si les créanciers, *ou le débiteur,* ont quelque motif de se plaindre des surveillans, ils en référeront au juge-commissaire.

Les parties seront appelées devant lui, pour être entendues contradictoirement ; après quoi, il fera son rapport au Tribunal de commerce.

32. *Les surveillans qui, connaissant quelque acte de mauvaise foi de la part du débiteur, ne l'auront pas signalé, pourront être destitués ; ils seront passibles de dommages-intérêts, si cet acte est de nature à porter préjudice à la masse.*

33. (515.—6.) *L'assemblée énoncée en l'art.* 23 *sera présidée par le juge-commissaire.* « Elle ne pourra être prorogée sous aucun prétexte. »

Elle ne sera point publique, et il n'y sera admis que les créanciers ou leurs mandataires.

34. (516.) Le *débiteur* y sera appelé ; il devra y assister en personne, et ne pourra se faire représenter que pour des motifs valables et approuvés par le commissaire.

35. (517.) Le juge-commissaire vérifiera les pouvoirs de ceux qui se présenteront à l'assemblée, comme fondés de procuration.

Ces pouvoirs seront annexés au procès-verbal prescrit ci-après. (Art. 38.)

36. (517.) *Les surveillans feront connaître* à l'assemblée *l'état des affaires du débiteur, les causes qui auront*

amené la suspension de paiemens, et les opérations qui auront eu lieu.

Leur rapport sera écrit; il énoncera leur opinion sur l'opportunité d'un traité d'attermoiement. En cas d'affirmative, les surveillans indiqueront les délais qu'ils estiment devoir être accordés.

37. (517.) Le débiteur sera entendu, ainsi que ceux des créanciers qui croiront devoir présenter des observations.

38. (518.) Le juge-commissaire fera dresser procès-verbal de ce qui aura été dit et décidé dans cette assemblée. Ce procès-verbal sera signé, 1° par le débiteur; 2° par les surveillans; 3° enfin, par le juge-commissaire et le greffier.

Les observations, dont l'insertion aura été réclamée, seront signées par ceux qui les auront faites; en cas de refus, il en sera fait mention au procès-verbal.

Le rapport des surveillans, et les pièces à l'appui, y seront annexés après avoir été signés par eux et paraphés par le juge-commissaire et le greffier.

39. S'il n'est pas intervenu de traité, et s'il ne se rencontre dans l'affaire aucun des cas prévus par les articles 28 et 29, le Tribunal de commerce, sur le rapport du juge-commissaire, statuera comme il est dit à l'art. 8, 1er paragraphe.

40. (519.) S'il intervient un traité d'attermoiement, ce traité ne s'établira que par le concours des trois quarts des créanciers, représentant au moins les trois quarts des sommes dues chirographairement.

(522.) Il sera signé séance tenante, à peine de nullité.

41. (8.) Il devra, en outre, pour être valable, stipuler le paiement intégral des créances, en capital, frais et inté-

rêts, *à des époques déterminées, dont la dernière ne pourra être fixée au-delà de* deux années.

42. (520.) Les créanciers hypothécaires, et ceux nantis d'un gage, *ou privilégiés*, n'auront point de voix dans la délibération *du traité d'altermoiement*.

43. *Toute convention contraire au traité d'attermoiement, et tous paiemens ou obligations qui en seraient la conséquence, sont nuls de plein droit.*

Si ces actes ont été faits en faveur d'un surveillant, et que le débiteur vienne à être constitué en faillite avant d'avoir acquitté entièrement les dettes passives mentionnées à son bilan, ce surveillant sera tenu de rapporter, à titre de dommages-intérêts, tout ce qu'il aura reçu sur sa créance; et il sera, en outre, passible des peines prescrites par l'article 406 du Code pénal.

44. *Par le fait du traité d'attermoiement, le sursis sera prorogé de droit, jusqu'à ce qu'il ait été statué définitivement sur l'homologation.*

45. (523.) Les créanciers opposans au *traité* seront tenus de faire signifier *leurs moyens* aux *surveillans* et au *débiteur*, dans *les trois jours*, pour tout délai.

La signification contiendra, en outre, sommation de se présenter devant le juge-commissaire, aux jour et heure indiqués par lui, et, en cas d'absence, par le président du Tribunal de commerce.

46. *Dans la huitaine qui suivra l'audition des parties, le juge-commissaire fera, au Tribunal de commerce, un seul rapport sur toutes les oppositions.*

Le rapport énoncera, en outre, son opinion sur la bonne ou mauvaise foi du débiteur, sur les délais consentis par le traité, et sur l'opportunité de l'homologation.

47. *Le Tribunal de commerce statuera, par un seul et même jugement, sur toutes les oppositions et sur l'homologation.*

48. *S'il n'y a pas eu d'opposition, dans la huitaine qui suivra l'expiration du délai prescrit par l'art. 45, le juge-commissaire fera au Tribunal son rapport comme il est dit au 2ᵉ paragraphe de l'art. 46.*

Le Tribunal de commerce ne statuera sur l'homologation qu'après examen de tous les actes et pièces de la procédure.

Le traité sera nul, si l'homologation n'est pas demandée dans la huitaine qui suivra le rapport.

49. (520.) L'homologation le rendra obligatoire pour tous les créanciers autres que ceux hypothécaires, nantis d'un gage *ou privilégiés.*

50. *Si le Tribunal de commerce refuse l'homologation, il sera procédé ainsi qu'il est dit à l'art. 26.*

51. *Si, après l'homologation du traité d'attermoiement, il se découvre une créance non portée au bilan et d'une importance telle, que le traité n'eût pu avoir lieu sans l'adhésion du créancier, ou que son rétablissement au bilan rende le passif supérieur à l'actif, le traité sera annulé sur la demande de toute partie intéressée, et le débiteur constitué en faillite. Les dispositions de l'art. 28 lui seront, en outre, applicables.*

NOUVEAU TEXTE

DU LIVRE IIIᵉ

DU

Code de Commerce,

PRÉSENTÉ

A LA SOCIÉTÉ LIBRE DU COMMERCE ET DE L'INDUSTRIE DE ROUEN,

PAR

M. ***, L'UN DE SES MEMBRES.

IIᵉ PARTIE.

ROUEN,

IMPRIMERIE DE NICÉTAS PERIAUX,

RUE DE LA VICOMTÉ, 55.

JUIN 1834.

OBSERVATIONS PRÉLIMINAIRES.

Les chiffres entre deux parenthèses indiquent les numéros des articles du Code de commerce français et du Code belge, où les dispositions ont été puisées.

Les nombres 437 à 614 appartiennent au Code français, et les autres au Code belge.

Les mots en caractères romains sont extraits de l'un et de l'autre Code ; ce qui est tiré du Code belge est précédé et suivi de guillemets.

Les modifications apportées à l'ancien texte, et les dispositions nouvelles, sont en *caractères italiques*.

Les motifs seront développés lors de la discussion.

CODE DE COMMERCE.

LIVRE IIIᵉ.

TITRE II.

DE LA FAILLITE.

CHAPITRE Iᵉʳ.

DE L'OUVERTURE DE LA FAILLITE, ET PREMIÈRES DISPOSITIONS.

52. (449.—4.) *A défaut de la déclaration prescrite par l'art. 6*, l'ouverture de la faillite pourra être *réclamée par un créancier.*

53. (441.—5.) L'ouverture de la faillite sera déclarée, sans délai par le Tribunal *de commerce*, qui fixera son époque, *soit au jour que le failli aura désigné dans sa déclaration*, soit à la date de sa retraite, *ou* de la clôture de ses *comptoirs*, magasins, boutiques, *ateliers*, etc., soit de tous actes constatant le refus d'acquitter ou de payer des engagemens de commerce.

« Néanmoins, les faits ci-dessus mentionnés ne constateront l'ouverture de la faillite qu'autant qu'il y aura effectivement cessation de paiemens, ou déclaration du failli. »

54. *Lorsqu'il y aura opposition sur la fixation de l'époque d'ouverture de la faillite, le Tribunal de commerce ne pourra statuer qu'au nombre de cinq membres au moins.*

55. (6.) « Le jugement qui *fixera définitivement cette époque*, ne pourra *la* reporter à plus de quarante jours avant celui de la prononciation. »

56. (442.—7.) Le failli est dessaisi de plein droit de la « disposition et de » l'administration de ses biens , à compter du jour « *de sa déclaration*, ou de la prononciation *du* jugement », *intervenu sur la demande d'un créancier.*

57. (443.—8.) Nul ne peut acquérir privilége ni hypothèque sur les biens du failli, dans les « vingt » jours qui précèdent *l'époque à laquelle l'ouverture de la faillite a été définitivement fixée.*

(8.) « Cette disposition n'est pas applicable à l'hypothèque *légale qui grève les biens du* tuteur , pour la sûreté de sa gestion. »

58. (446.—9.) Toutes sommes payées dans les « vingt » jours qui précèdent *la même époque*, pour dettes non échues, sont rapportées.

59. *Sont également rapportées , toutes sommes payées depuis cette même époque, à l'acquit de dettes contractées antérieurement.*

Néanmoins , en cas de paiement d'un billet ou d'une lettre de change aux mains d'un tiers-porteur , le rapport n'est dû à la masse que par le bénéficiaire de l'effet.

60. (444.—10.) Tous actes translatifs de propriété « mobilière ou » immobilière faits par le failli , à titre gratuit, dans les « quarante » jours qui précèdent ladite époque, sont nuls et sans effet ; *sauf, cependant, le cas où la faillite serait la conséquence d'un événement fortuit et indépendant de la volonté du failli.*

61. (444, 445, 447.—11.) Tous actes du même genre à titre onéreux, « tous engagemens, tous paiemens faits à quelque époque que ce soit, sont susceptibles d'être annulés sur la demande des créanciers, s'ils prouvent qu'il y a eu fraude de la part des contractans. »

62. (448.—13.) « La faillite rend exigible, à l'égard du failli seul, les dettes passives non échues. » *Néanmoins, ces dettes sont réductibles de la portion d'intérêts comprise dans le titre, depuis l'époque de l'ouverture de la faillite jusqu'à l'échéance de ce titre.*

63. (449.—14.) « Le Tribunal *de commerce*, en déclarant l'ouverture de la faillite, ordonnera, par le même jugement, l'apposition des scellés; il nommera un de ses membres commissaire de la faillite, et un ou plusieurs syndics provisoires, suivant » l'importance de la faillite, pour remplir, sous la surveillance du commissaire, les fonctions qui leur sont attribuées par la présente loi.

Deux expéditions de ce jugement seront faites sur-le-champ; l'une sera adressée au juge de paix; l'autre sera remise au syndic provisoire.

64. (457.—23.) « Dans les trois jours » de la prononciation du jugement, l'extrait en sera affiché *à la diligence du greffier du Tribunal de commerce.*

L'apposition des affiches sera effectuée aux lieux accoutumés, et notamment « à la bourse, s'il y en a une dans la résidence du Tribunal de commerce, » *et à l'entrée principale,*

1° « Du local où siége ce Tribunal; »

2° « De la Mairie du domicile du failli; »

3° *De la maison du juge-commissaire;*

4° *De celle de chacun des syndics provisoires;*

5° *Du domicile du failli et de chacun de ses associés solidaires, s'il en a.*

« Cet extrait sera, en outre, inséré dans un des journaux du lieu où siége le Tribunal de commerce, *et,* à défaut, dans un journal » *du chef-lieu de département.*

Dans le cas où il y aurait plusieurs journaux, celui qui traite le plus spécialement d'affaires commerciales sera préféré.

65 (457.—15.) « Le jugement sera exécutoire par provision, nonobstant opposition ou appel. L'opposition ne sera recevable, de la part du failli, que pendant la quinzaine après *l'apposition des scellés*, et, de la part des créanciers ou autres intéressés, que pendant *le mois qui suivra le jour de l'affiche*.

66. *Toute faillite sera inscrite sur un registre à ce destiné et conforme au modèle ci-joint.*

Chacune de ses phases y sera mentionnée par les soins du greffier du Tribunal de commerce, et le président veillera à ce qu'il soit tenu constamment à jour.

Communication de ce registre sera faite, au greffe et sans frais, à toute partie intéressée.

67. (451.—18.) *Dans les vingt-quatre heures qui suivront la réception du jugement constitutif de faillite, le juge de paix sera tenu d'apposer les scellés* sur les magasins, comptoir, caisse, porte-feuille, livres, registres, papiers, meubles et effets du failli, *dont la description ne pourra être faite immédiatement.*

68. (452.—19.) Si la faillite est faite par « une société en nom collectif, » les scellés seront apposés, non-seulement dans le principal manoir de la société, mais dans le domicile séparé de chacun des associés solidaires.

69. (455.—17.) *Par le jugement qui déclarera l'ouverture de la faillite*, le Tribunal de commerce ordonnera le dépôt de la personne du failli dans la maison d'arrêt pour dettes.

Il ne pourra, en cet état, être reçu contre le failli, d'écrou ou recommandation, en vertu d'aucun jugement du Tribunal de commerce.

No. de la faillite.		Faillite de (A. B. C.		(Joachim (Antoine Nicolas (Jean Baptiste	demeurant à St Marc, rue ... rue ...		No) Associés de.

Déclaration de cessation de paiement		Date du jugement déclaratif de Faillite	Juge Commissaire			Syndics provisoires				Sauf conduit			Époque d'ouverture de la faillite		Époque de l'assemblée		Propositions faites par le failli pour parvenir au concordat
Date de la déclaration	Époque de la cessation de paiement		Date de la nomination	Nom.	Demeure	Date de la nomination	Només	Profession	Demeures	Date du jugement qui l'a Accordé	refusé ou retiré	Montant de la caution	Provisoire	Définitive	Sa naissance	pour procéder au concordat ou à le contrat d'union	Date	Nature
3 Janvier 1834	31 Décembre 1833	3 Janvier 1834	3 Janvier 1834	L.M.	rue ... 5.e	3 Janvier 1834	D E G J (1)	Français Négociant Agréé Négociant	Marne rue n.°	13 Février 1834	30 Janvier 1834	50,000	31 9.bre 1833	3 9.bre 1833	10 Fé.er 1834	25 Février 1834 30 Mars (2)	3 Février 1834	25.° payables savoir 5% dans un an 5% dans 2 ans 5% dans 3 ans 5% dans 4 ans

Concordat			Contrat d'Union						Observations	Débours et honoraires du Greffier au sujet de la faillite		
Sommes concédées par les créanciers	Termes de paiement pour le surplus & autres conditions	Date du jugement qui statue sur l'homologation	Syndics définitifs			Date du jugement qui a déclaré le failli	Répartitions ordonnées par le juge commissaire			Date des Paiements	Nature des frais	Montant
		L'accordé / Le refusé	Date de la nomination	Noms	Profession	Domicile	excusable / non excusable	Date	Quantum			
60. %	40 % payables, savoir	28 Mars 1834	30 Mars 1834	E.	Négociant	Rouen, rue M	28 Mars 1834	1ᵉ Avril 1834	10 %	1834		
	10 % comptant,			F.	à			1ᵉ Mai	10 %	Janvier 3		
	10 % dans 6 mois,			G.	Agréé			30 Juin	10 %	4		
	10 % dans un an,							31 Août	10 %			
	10 % dans deux ans,							30 Novembre	8,34 % (4)	5		
	Les deux derniers termes cautionnés par N									Février 10		
										15		
										18		
										Mars 10		
										22		
										Avril 18		
										Mai 13		

70. (455, 466, 467.—17.) *Sur la demande du failli, com-munuquée au syndic provisoire et au juge-commissaire, qui exprimeront leur opinion, le Tribunal de commerce* « pourra ordonner sa mise en liberté, sous caution de se représenter » *et d'acquitter les frais de faillite, qui retom-beraient à la charge de la masse, si l'actif était insuffi-sant.*

71. (468,—469.) Le failli qui n'aura pas obtenu de sauf-con-duit, *pourra se faire représenter par un fondé de pouvoirs,* s'il propose des empêchemens jugés valables par le com-missaire.

72. (468.) Si le failli a obtenu un sauf-conduit, *le syndic provisoire* l'appellera auprès de *lui* pour clore et arrêter ses livres en sa présence.

Si le failli ne se rend pas à l'invitation, il sera sommé de comparaître.

Si le failli ne comparaît pas quarante-huit heures après la sommation, il sera réputé s'être absenté à dessein ; *et le cautionnement sera acquis à la masse.*

CHAPITRE II.

DU JUGE-COMMISSAIRE.

73. (458.—24) Le juge-commissaire adressera, etc. (*Comme à l'art.* 18, 1ʳᵉ partie.)

74. Le juge-commissaire siégera, etc. (*Comme à l'art.* 19, 1ʳᵉ partie.)

75. (458.—24.) « Le juge-commissaire surveille les syndics dans leur gestion. »

Il est, *en outre, chargé* d'accélérer *l'apposition des scellés, la confection de l'inventaire, la vérification des livres et du bilan*, la convocation des créanciers, et la vérification des créances.

Les syndics sont tenus de lui soumettre leurs opérations, et de lui fournir tous les renseignemens qu'il juge à propos de réclamer.

76. *Le juge-commissaire rend des ordonnances sur tous les objets qui lui sont soumis, et pour l'exécution des mesures qu'il croit devoir prescrire. Ces ordonnances sont motivées; elles ne sont susceptibles que d'un enregistrement au droit fixe de un franc. La minute en sera déposée au dossier de la faillite.*

CHAPITRE III.

DU SYNDIC PROVISOIRE.

Section Ire. — Dispositions générales.

77. (456.—22.) « Le *syndic provisoire* devra être nommé, de préférence, parmi les créanciers présumés; et, à défaut de créanciers qui pourraient convenablement remplir ces fonctions, parmi d'autres personnes qui, *par leur moralité et leur capacité*, offriraient le plus de garanties pour la sûreté de leur gestion. »

78. (460.—25.) *Le syndic provisoire* est révocable par le Tribunal qui l'aura nommé.

Ses fonctions sont incompatibles avec tout mandat que le failli pourrait lui donner, soit directement, soit indirectement.

(483, 484.) Après la reddition de *son* compte, il aura droit à une indemnité; cette indemnité sera réglée par le juge-commissaire, suivant la nature de la faillite et les travaux auxquels elle aura donné lieu.

79. (461.—26.) Le syndic provisoire entrera en fonctions, etc., (*Comme à l'art.* 21, 1ʳᵉ partie.)

80. (495.) Si les créanciers, *ou le failli,* ont quelque motif de se plaindre *du syndic,* ils en référeront, etc., (*Comme à l'art.* 31, 1ʳᵉ partie.)

81. *Le syndic qui, connaissant quelque acte de mauvaise foi,* etc., (*Comme à l'art.* 32, 1ʳᵉ partie.)

82. (494.—38.) A compter de l'entrée en fonctions du *syndic provisoire,* toute action civile *ou commerciale* « intentée avant la faillite ou à intenter après, contre la personne ou les biens du failli, ne pourra être suivie ou intentée que contre le » *syndic provisoire.*

« Celui-ci ne pourra intenter ni poursuivre aucune action au nom de la masse, ni défendre à aucune action ou poursuite contre la masse, qu'avec l'autorisation du juge-commissaire. »

83. (462.—27.) *Si, lors de l'entrée en fonctions du syndic provisoire,* les scellés n'avaient point été apposés, il requerra le juge de paix « d'assister, sans délai, à l'inventaire des biens du failli. »

Les scellés ne seront apposés que sur les effets dont la description n'aura pu être faite dans la première séance.

(486.) L'inventaire sera fait par le syndic provisoire « qui pourra se faire aider, » pour l'estimation, « par gens à ce connaissant. »

84. (487.) Le failli sera duement appelé aux opérations de l'inventaire; s'il est détenu, il pourra s'y faire représenter par un fondé de pouvoirs.

85. (463.—28.) *Le syndic provisoire* « pourra requérir, même avant l'inventaire, que les livres du failli lui soient remis par le juge de *paix*, qui les arrêtera, et constatera sommairement dans son procès-verbal l'état dans lequel ils se trouveront. »

« Il pourra également requérir la délivrance des effets qui seront à courte échéance, ou susceptibles d'acceptation. »

86. (491.) L'argent, les marchandises, titres actifs, meubles, effets, *livres et papiers* du failli, seront remis, à mesure de leur description à l'inventaire, au syndic provisoire, *qui en demeure chargé dès l'instant de cette description.*

A la fin de l'inventaire, « le failli devra déclarer s'il possède d'autres effets » *mobiliers et immobiliers* «que ceux décrits. »

L'inventaire sera fait et signé double; un exemplaire sera déposé, dans les vingt-quatre heures de la clôture, au greffe du Tribunal de commerce.

87. (529—28.) « Le syndic provisoire remettra, au failli et à sa famille, les vêtemens, hardes et meubles nécessaires à l'usage de leurs personnes. »

La remise en sera effectuée sur état approuvé par le juge-commissaire.

88. (463.—28.) Les lettres adressées au failli seront remises *au syndic provisoire,* « qui les ouvrira. Si le failli est présent, il pourra assister à leur ouverture. »

89. (499.—38.) A compter de son entrée en fonctions, *le syndic provisoire* est tenu de faire tous actes pour la conservation des droits du failli sur ses débiteurs.

90. (500.) Il *est également* tenu de requérir l'inscription

hypothécaire au nom de la masse des créanciers, sur les immeubles du failli, dont ils connaîtront l'existence. L'inscription sera reçue sur un simple bordereau énonçant qu'il y a faillite, et relatant la date du jugement par lequel *le syndic provisoire* aura été nommé.

91. (488.—28.) En toute faillite, les syndics provisoires et définitifs sont tenus de remettre, dans la huitaine de leur entrée en fonctions, au procureur du roi de l'arrondissement, un mémoire ou compte sommaire de l'état apparent de la faillite, de ses principales causes et circonstances, et des caractères qu'elle paraît avoir.

92. (489.) *Le procureur du roi* pourra, s'il le juge convenable, se transporter au domicile du failli ou des faillis, assister à la rédaction du bilan, de l'inventaire, et des autres actes de la faillite; se faire donner tous les renseignemens qui en résulteront, et faire, en conséquence, les actes ou poursuites nécessaires; le tout d'office et sans frais.

93. (490.) S'il présume qu'il y a banqueroute simple ou frauduleuse; s'il y a mandat d'amener, de dépôt ou d'arrêt décerné contre le failli, il en donnera connaissance, sans délai, au juge-commissaire du Tribunal de commerce; en ce cas, ce commissaire ne pourra proposer, ni le Tribunal accorder de sauf-conduit au failli.

Section II. — Du Bilan.

94. (470.—34.) Le failli qui, avant la déclaration de sa faillite, aura préparé son bilan, et qui l'aura gardé par devers lui, le remettra *au syndic provisoire*, dans les vingt-quatre heures de *son* entrée en fonctions.

95. (471.—35.) Le bilan devra contenir l'énumération et l'évaluation de tous les effets mobiliers et immobiliers du débi-

teur, l'état des dettes actives et passives, le tableau des profits et des pertes, le tableau des dépenses : *il* devra être certifié véritable, daté et signé par le *failli*.

96. (472.—36.) Si, à l'époque de l'entrée en fonctions du *syndic provisoire*, le failli n'avait pas préparé le bilan, il sera tenu de procéder à *sa* rédaction, en présence du *syndic provisoire*, ou de la personne qu'*il aura* préposée.

Les livres et papiers du failli lui seront, à cet effet, communiqués sans déplacement.

97. (473.—37.) Dans tous les cas où le bilan n'aurait pas été rédigé par le failli, le *syndic provisoire* procédera *lui-même* à la formation du bilan, au moyen des livres et papiers du failli, et au moyen des informations et renseignemens qu'il pourra se procurer auprès de la femme du failli, de ses enfans, de ses commis et autres employés.

98. (474.) Le juge-commissaire pourra aussi, soit d'office, soit sur la demande d'un ou de plusieurs créanciers, ou même du *syndic provisoire*, interroger les individus désignés dans l'article précédent, à l'exception de la femme et des enfans du failli, tant sur ce qui concerne la formation du bilan, que sur les causes et les circonstances de la faillite.

99. (475.) Si le failli vient à décéder après l'ouverture de sa faillite, sa veuve ou ses enfans pourront se présenter, pour suppléer leur auteur dans la formation du bilan, et pour toutes les autres obligations imposées au failli par la présente loi; à leur défaut, le *syndic provisoire* procédera.

Section III. — De la Vente des Marchandises, et des Recouvremens.

100. (464.—29.) *Le syndic provisoire fera* retirer et vendre

les denrées et marchandises sujettes à dépérissement pro-
chain, après avoir exposé *ses* motifs au commissaire et
obtenu son autorisation.

Les marchandises non dépérissables ne pourront être vendues par *le syndic provisoire* qu'après la permission du Tribunal de commerce, et sur le rapport du commissaire.

(492.) *La vente pourra être effectuée*, soit à l'amiable,
soit par la voie des enchères publiques, par l'entremise de
courtiers *ou de commissaires-priseurs*, au choix du juge-
commissaire.

101. (492.—28.) *Le syndic provisoire procédera* au recouvrement des dettes actives du failli.

*Ses quittances seront détachées, en présence de celui
qui effectuera le paiement, d'un registre à souches coté
et paraphé par le juge-commissaire. Ces quittances
seules opéreront libération.*

102. (496.—30.) *Tous les deniers et titres actifs, soit ceux
trouvés sous les scellés, soit ceux provenant des ventes
ou des recouvremens, seront déposés chez le syndic, dans
une caisse à ce destinée, et représentés au juge-commissaire à toute réquisition.*

*S'il y a plusieurs syndics, la caisse sera confiée au
premier nommé.*

*L'emploi des deniers ou des titres actifs, à un usage
autre que celui de la faillite, sera considéré comme vio-
lation de dépôt, et poursuivi comme tel.*

103. (497.—31.) *Tous les quinze jours, ou plus souvent, si
le commissaire l'ordonne, un bordereau énonciatif du
mouvement de la caisse de la faillite, soit en deniers, soit
en titres actifs, lui sera remis.*

Il pourra, en raison des circonstances, ordonner, pour le
profit de la masse, le versement de tout ou partie des deniers

à la caisse *des consignations*, ou entre les mains du délégué
de cette caisse dans les départemens, à charge de faire
courir, au profit de la masse, les intérêts accordés aux
sommes consignées à cette même caisse.

104. (498.—32.) Le retirement des fonds versés à la caisse *des
consignations* se fera en vertu d'une ordonnance du commissaire.

Section IV. — De la vérification des Créances.

105. (501.—39.) « Lorsque les formalités ci-dessus prescrites
auront été remplies, le juge-commissaire ordonnera, sans
délai, la convocation des créanciers connus et inconnus du
failli, pour délibérer, *tant sur l'admission* des créances, *que
pour procéder, soit* à un concordat, *soit à une cession
volontaire de biens, soit* à un contrat d'union. »

Il fixera les jour, heure et lieu de l'assemblée.

*La tenue de l'assemblée ne pourra excéder de quin-
zaine le double de laps de temps que la poste aux lettres
française met à parcourir la distance qui sépare le
domicile du failli de celui du créancier le plus éloigné.*

106. (502.—40.) « La convocation sera faite par le *syndic* provisoire, dans les *trois* jours de l'ordonnance du juge commissaire, par lettres missives adressées aux créanciers connus, et, à
l'égard des créanciers inconnus ou dont le domicile *est ignoré*,
par insertion dans un ou plusieurs journaux désignés par
le juge-commissaire. »

Les lettres porteront sur l'adresse l'énonciation suivante:
Syndicat de la faillite ***.

Elles énonceront, etc, (*comme à l'art.* 24, 1re par-
tie.)

107. *Dans le cas où il y aurait des créanciers hors de*

France, le Tribunal de commerce nommera à chacun d'eux un curateur.

Si le failli obtient un concordat, le curateur sera tenu de faire consigner les sommes afférentes à l'absent, suivant les livres du failli.

Dans le cas où il interviendrait un contrat d'union, il ne pourra être fait aucune répartition des deniers de la masse, qu'après la vérification et l'affirmation de la créance de l'absent ; ou l'expiration des délais fixés par l'art. 73 du Code de procédure civile.

108. (502.) Tous les créanciers du failli, *quels qu'ils soient, sont tenus* de se présenter dans le délai *qui aura été fixé,* par eux ou par leurs fondés de pouvoirs, *au syndic* de la faillite ; de *lui* déclarer à quel titre et pour quelle somme ils sont créanciers, et de *lui* remettre leurs titres de créance. Il leur en sera donné récépissé.

Ces titres seront accompagnés d'un bordereau énonciatif en double expédition, dont l'une sera rendue au créancier après vérification et admission des titres ; et l'autre sera conservée par le syndic provisoire.

Si les titres sont contestés, ils seront restitués dans la huitaine de la remise.

109. (503.) La vérification des créances sera faite contradictoirement, entre le créancier ou son fondé de pouvoirs, et le syndic ; *le juge-commissaire pourra y assister.*

Cette opération aura lieu dans *l'intervalle qui s'écoulera entre le jour de l'ordonnance mentionnée à l'art.* 105, *et celui de l'assemblée.*

110. (504.) Tout créancier dont la créance aura été *reconnue* pourra fournir tout contredit aux vérifications faites ou à faire.

111. (505.) Le juge-commissaire pourra, suivant l'exigence des cas, demander aux créanciers la représentation de leurs registres, ou l'extrait fait par les juges de commerce du lieu en vertu d'un compulsoire.

Les registres produits devront être tenus conformément aux dispositions des art. 8, 10 et 11 du Code de commerce ; autrement , ils ne pourront faire preuve.

112. (509.) *Sur la demande du juge-commissaire, le Tribunal de commerce pourra ordonner qu'il soit fait, devant ce magistrat*, enquête sur les faits et que les personnes qui pourront fournir des renseignemens soient à cet effet citées par-devant lui.

113. (41.) « Si le failli désire proposer un concordat, il en déposera le projet au greffe du Tribunal » *de commerce*, trois jours au moins avant la tenue de l'assemblée prescrite par l'art. 105.

Section V. — De l'assemblée des Créanciers.

114. (415.—42.) « L'assemblée des créanciers sera présidée par le juge-commissaire ; le syndic provisoire y sera présent ; » les créanciers *vérifiés*, ou leurs fondés de pouvoirs, *auront seuls le droit de présenter des observations.*

115. (516.—42.) Le failli sera *duement* appelé à cette assemblée. Il devra s'y présenter en personne, s'il a obtenu un sauf-conduit ; et il ne pourra s'y faire représenter que pour des motifs valables et approuvés par le *juge*-commissaire.

116. Le juge-commissaire fera dresser procès-verbal, etc. (*comme à l'art. 38, 1re partie, sauf la substitution des mots* syndic provisoire *au mot* surveillans.)

117. *Le juge-commissaire fera appeler les créanciers dans l'ordre de la vérification des créances.*

118. (507.) Si la créance n'est pas contestée, le créancier sera tenu d'affirmer, entre les mains du juge-commissaire, *et sous la foi du serment*, que ladite créance est sincère et véritable. *Mention en sera faite au procès-verbal, avec* description sommaire des titres.

119. (506.) *Après admission et affirmation*, le syndic signera, sur chacun des titres, la déclaration suivante :

Admis au passif de la faillite de *** pour la somme de ... (*chirographairement, ou hypothécairement, ou avec privilége, suivant la nature de la créance.*) A ... le ...

La déclaration sera visée par le juge-commissaire *et le greffier.*

120. *La vérification, l'admission et l'affirmation de toutes créances à exercer sur un failli sont de rigueur; sans l'accomplissement de ces formalités, nul créancier ne peut prétendre aux répartitions, ni au remboursement intégral, quand bien même la créance serait assurée par une hypothéque, nantie d'un gage, ou privilégiée.*

121. (45.) « Si l'admission de une ou de plusieurs créances est contestée, il en *sera* fait mention au procès-verbal. Le juge-commissaire renverra les parties à une audience qu'il fixera, sans qu'il soit besoin d'assignation, et remettra l'assemblée à un autre jour à indiquer ultérieurement. »

122. (46.) « Le syndic provisoire sera tenu d'intervenir en cause, pour la conservation des droits de la masse. »

123. (46.) *Le juge-commissaire fera* **un seul rapport sur** *toutes les contestations; et* « le Tribunal de commerce statuera par un seul et même jugement. »

124. (47.) « Lorsque ce jugement sera passé en force de chose jugée, le commissaire ordonnera une nouvelle convocation de créanciers. »

(48.) « La convocation sera faite conformément aux dispositions de l'art. 106. »

125. (49.) Dans cette *dernière* assemblée, le juge-commissaire *procédera à l'affirmation des créances admises en justice, en se conformant aux dispositions des art.* 118 et 119.

Si, dans l'intervalle des deux assemblées, des créanciers ont fait vérifier leurs créances, et si leurs créances ne sont pas contestées, il sera procédé à leur admission et affirmation, comme il est dit aux mêmes articles.

« Si leurs créances sont contestées, ils n'auront pas le droit de délibérer ; mais, après les avoir fait admettre en justice, ils jouiront des effets du concordat, ou des répartitions à faire par suite du contrat d'union. »

126.(513.—58.) «Les créanciers qui ne se présenteront qu'après la formation du concordat ou du contrat d'union, ne prendront part qu'aux répartitions postérieures à leur demande en justice, sans qu'ils puissent faire révoquer les répartitions antérieures. Ils pourront, néanmoins, en tout temps, poursuivre, contre le failli seulement, l'exécution du concordat. »

127. (517.—44.) *Lorsque l'admission et l'affirmation des créances seront terminées, le juge-commissaire* fera rendre compte, par le syndic provisoire, de l'état de la faillite, des formalités qui auront été remplies, et des opérations qui auront eu lieu.

Le rapport du syndic provisoire sera écrit ; il énoncera son opinion sur les propositions du failli, et, dans le cas affirmatif de l'opportunité du concordat, il indiquera la remise et les délais que le syndic provisoire estime devoir être accordés au failli.

Le failli sera entendu dans ses *observations.*

128. (521.) *Si le failli se trouve dans l'un des cas prévus au titre de la banqueroute*, il ne pourra être fait aucun traité

entre *lui* et ses créanciers : le juge-commissaire veillera à l'exécution de la présente disposition.

Si des poursuites ont été commencées par le ministère public, avant l'assemblée pour le concordat ou avant l'homologation, il sera sursis à ces actes, jusqu'à ce qu'il ait été statué définitivement sur les poursuites.

Section VI. — Du Concordat.

129. (519.—50.) *S'il intervient un traité* entre les créanciers délibérans et le débiteur failli, *ce traité* ne pourra être consenti qu'après l'accomplissement des formalités ci-dessus prescrites.

Il ne s'établira que par le concours d'un nombre de créanciers formant *les deux tiers*, et représentant, en outre, par leurs titres de créances vérifiées, les trois quarts de la totalité des sommes dues, selon l'état des créances vérifiées et affirmées.

(622.) *Il* sera signé, séance tenante, tant par le failli que par les créanciers acceptans, *et visé par le juge-commissaire et le greffier, le tout* à peine de nullité.

130. (520. 51.) Les créanciers hypothécaires inscrits, et ceux nantis d'un gage ou privilégiés, n'auront point de voix dans la « délibération sur le concordat, à moins qu'ils ne renoncent à leur droit de préférence. »

Si un créancier de l'une ou l'autre espèce, désignée ci-dessus, est en même temps créancier purement chirographaire, et s'il consent au concordat, sa voix ne sera admise que pour le montant de cette dernière créance.

131. *Toute convention contraire au concordat, etc.* (*comme à l'art.* 43, 1ʳᵉ *partie.*)

132. (523.—53.) Les créanciers opposans au concordat , (*comme à l'art.* 45, 1ʳᵉ *partie.*)

133. Dans la huitaine qui suivra l'audition, etc. (*comme à l'art.* 46, 1ʳᵉ *partie.*)

134. *Le Tribunal de commerce statuera, par un seul et même jugement , sur toutes les oppositions et sur l'homologation.*

135. *S'il n'y a pas eu d'opposition , dans la huitaine qui suivra le délai prescrit par l'art.* 132, *le juge-commissaire fera son rapport comme il est dit à l'art.* 46, 1ʳᵉ *partie.*

136. (524.—54.) L'homologation rendra le concordat obligatoire pour tous les créanciers *autres que ceux* hypothécaires, nantis d'un gage ou privilégiés ; il conservera l'hypothèque à chacun d'eux sur les immeubles du failli ; à cet effet, le syndic sera tenu de faire inscrire aux hypothèques le jugement d'homologation, à moins qu'il n'y ait été dérogé par le concordat.

137. *L'homologation du concordat éteindra l'action du ministère public pour tout ce qui concerne la faillite, s'il n'y a eu d'action commencée.*

138. (525.—55.) Le Tribunal de commerce pourra refuser , même d'office, l'homologation du concordat, et, dans ce cas, le failli sera en prévention de banqueroute et renvoyé devant le procureur du roi.

S'il accorde l'homologation, le Tribunal déclarera le failli excusable.

139. (526.—56.) L'homologation étant signifiée au syndic provisoire , celui-ci rendra son compte définitif au failli , en présence du juge-commissaire ; ce compte sera débattu et arrêté. En cas de contestation, le Tribunal de commerce

prononcera. Les syndics remettront ensuite au failli l'uni-
versalité de ses biens, ses livres, papiers, effets.

Le failli donnera décharge ; les fonctions du commissaire
et du syndic cesseront, et il sera dressé du tout procès-
verbal, qui sera signé par le juge-commissaire *et le greffier.*
Un exemplaire du compte sera annexé au procès-verbal.

CHAPITRE IV.

DES SYNDICS DÉFINITIFS ET DE LEURS FONCTIONS.

Section Ire. = De la Cession volontaire de biens.

140. (567.) Les effets de la cession volontaire se déterminent
par les conventions entre les créanciers et le failli.

*Ces conventions ne peuvent être consenties qu'aux
conditions prescrites pour le concordat.*

141. (527.—57.) *Si la cession de biens est acceptée*, les
créanciers nommeront, *à la majorité absolue des voix*,
plusieurs syndics définitifs, « qui seront chargés de liquider
« la masse, conformément à la section II. »

Section II. — De l'Union des Créanciers.

142. (527.—57.) S'il n'intervient point de concordat, *ou si
une cession de biens n'a pas été acceptée*, les créanciers
formeront, à la majorité individuelle des présens, un contrat
d'union ; ils nommeront plusieurs syndics définitifs, *ainsi
que cela est dit en l'art.* 141.

Les syndics définitifs recevront le compte du syndic provisoire ; la reddition de ce compte s'effectuera de la manière
prescrite en l'art. 139.

4

143. (528.—59.) Les syndics définitifs représenteront la masse des créanciers.

Ils *procéderont* à la vente des marchandises et effets mobiliers du failli, à celle de ses immeubles et à la liquidation de ses dettes actives ou passives, le tout sous la surveillance du juge-commissaire.

144. (142.) *La vente des marchandises et effets mobiliers sera faite en la manière prescrite par l'art.* 100, 3ᵉ *paragraphe, le failli présent ou duement appelé.*

145. (143.) *Celle des immeubles sera effectuée par adjudication publique aux enchères et à l'extinction des feux, devant celui des notaires du canton où ils sont situés, et qui aura été désigné par le juge-commissaire.*

L'annonce de cette vente aura lieu, au moins un mois à l'avance, par des affiches énonçant la désignation sommaire des immeubles, et apposées aux lieux désignés en l'art. 64.

Extrait de ces affiches sera inséré aux journaux désignés par le juge-commissaire.

Les créanciers vérifiés et affirmés seront avertis du jour et du lieu de la vente, par lettres des syndics, envoyées dans la forme prescrite en l'art. 106.

Le failli sera sommé de s'y trouver en personne, ou par un fondé de pouvoirs; s'il ne s'y présente pas, il sera passé outre, mais son absence ou sa présence sera constatée au procès-verbal d'adjudication.

Les noms des créanciers présens seront aussi mentionnés à ce procès-verbal.

146. (565.) Pendant huitaine après l'adjudication, tout créancier aura droit de surenchérir. La surenchère ne pourra être au dessous du dixième du prix principal de l'adjudication, *les frais non compris.*

147. (529.—6o.) Dans le cas où la remise énoncée en l'art. 87 n'aurait pas eu lieu, les syndics définitifs *devront* l'effectuer, « en remplissant les mêmes formalités. »

148. (53o.—61.) S'il n'existe pas de présomption de banqueroute, le failli aura droit de demander, à titre de secours , une somme sur ses biens; les syndics en proposeront la quotité, et le Tribunal, sur le rapport du commissaire, la fixera en proportion des besoins et de l'étendue de la famille du failli, de sa bonne foi, et du plus ou moins de perte qu'il fera supporter à ses créanciers.

149. (531.—62.) Toutes les fois qu'il y aura union de créanciers, le juge-commissaire « rendra compte au Tribunal de commerce des circonstances de la faillite. » Le Tribunal statuera comme il est dit à l'art. 136, 2ᵉ paragraphe.

CHAPITRE V.

DES DROITS DE DIVERS CRÉANCIERS, EN CAS DE FAILLITE.

Section Iʳᵉ. — Des Créanciers hypothécaires.

15o. (539.—71.) « Les créanciers hypothécaires du failli seront colloqués d'après les règles établies au Code de procédure civile, et ils seront payés sur le produit de la vente des immeubles affectés à leurs créances respectives. »

151. (54o.—72.) « Si une ou plusieurs répartitions de deniers *sont* faites avant la distribution du prix des immeubles hypothéqués, les créanciers hypothécaires concourront avec les chirographaires à ces répartitions, dans la proportion de leurs créances totales. » ..

153. (541.—72.) « Si les créanciers hypothécaires ont été colloqués pour la totalité de leurs créances, les sommes qu'ils

auront reçues dans ces répartitions, seront déduites de ce qui leur reviendra ensuite, sur le produit de la vente des immeubles affectés à leurs créances respectives, et elles seront reversées dans la masse générale. »

153. (542.—73.) « Les créanciers hypothécaires, non remplis sur le prix des immeubles affectés, concourront, à proportion de ce qui leur restera dû, avec les créanciers chirographaires. »

154. (543.—74.) « Les deniers qu'ils auront touchés dans les distributions antérieures, au-delà de ce qui leur revient dans la masse générale, leur seront retenus sur le montant de leur collocation hypothécaire, et reversés dans cette masse. »

155. (75.) « Si le failli n'est pas personnellement obligé au paiement de la dette, mais seulement comme détenteur de l'immeuble grévé, le créancier hypothécaire ne pourra concourir avec les créanciers chirographaires sur les deniers de la masse. »

Section II. — Des Créanciers nantis d'un *gage*, garantis, ou tiersporteurs.

156. (535.—66.) « Les créanciers du failli, qui seront valablement nantis par des gages, pourront les faire vendre et se rembourser sur le prix ; la vente aura lieu publiquement, les syndics dûment appelés. »

157. (536.—67.) « Les syndics pourront, avec l'autorisation du juge-commissaire, retirer » les gages au profit de la faillite, en remboursant la dette.

158. (537.—68.) Si les syndics ne retirent pas le gage, qu'il soit vendu par les créanciers, et que le prix excède la créance, le surplus sera recouvré par les syndics ; si le prix est moindre que la créance, le créancier nanti viendra à

contribution pour le surplus, *s'il s'est conformé aux dispositions prescrites pour l'admission des créances.*

159. (538.—69.) Les créanciers garantis par un cautionnement, seront compris dans la masse « pour leurs créances », sous la déduction des sommes qu'ils auront reçues de la caution : la caution sera comprise dans la même masse, pour tout ce qu'elle aura payé à la décharge du failli.

160. (534.—65.) Le créancier porteur d'engagemens solidaires entre le failli et d'autres coobligés qui sont en faillite, participera aux distributions dans toutes les masses, jusqu'à son parfait et entier paiement.

161. *Lorsque le failli sera le dernier endosseur de l'un de ces engagemens, le syndic devra exiger la remise du titre, si le paiement qu'il effectue complette le remboursement de la créance, en capital, frais et intérêts.*

Section III. — Des Créanciers privilégiés.

162. (539.—69.) Les syndics présenteront au *juge*-commissaire l'état des *créances admises comme privilégiées* ; *ce magistrat* autorisera le paiement de ces *créances*, sur les premiers deniers rentrés.

Le paiement en sera effectué dans l'ordre prescrit par les art. 2101 *du Code civil et* 163 *ci-dessous.*

163. (160.) *En matière de faillite, il y a dérogation à l'art.* 2101 *du Code civil, pour les priviléges suivans.*

Celui du propriétaire ou du principal locataire est restreint :

1° *Au terme échu avant l'ouverture de la faillite;*

2° *A ceux qui se sont écoulés pendant le cours de cette faillite.*

3° *A un semestre, à partir de l'expiration du terme pendant lequel la résiliation du bail sera demandée;*

Les frais de faillite prendront rang après les frais de justice.

Le privilége des salaires des gens de service est réduit au dernier semestre et à ce qui sera dû sur le trimestre courant.

Il en est de même des fournitures par les maîtres de pension et marchands en gros.

Les salaires des ouvriers employés dans les ateliers, magasins, etc., sont privilégiés pour la quinzaine échue, et pour ce qui est dû sur la quinzaine courante.

Sont aussi privilégiés, non les frais quelconques *de la dernière maladie, mais les* frais quelconques *de maladie pendant les six derniers mois qui ont précédé l'ouverture de la faillite.*

Section IV. — Des droits des Femmes.

164. (545.—76.) « En cas de faillite du mari, la femme reprendra en nature les immeubles à elle appartenans, et qui ne sont pas entrés en communauté. »

« Elle reprendra également en nature tous les biens meubles qu'elle justifiera, par actes authentiques, lui avoir appartenu et avoir été exclus de la communauté par une clause expresse du contrat de mariage. »

« Si elle a des créances hypothécaires à la charge de son mari, elle exercera son droit d'hypothéque sur les biens grevés. »

« Elle concourra, avec les créanciers chirographaires sur les deniers de la masse, pour ses créances personnelles et pour les sommes non utilement colloquées sur le prix des immeubles hypothéqués. »

165. (546—77.) « Si, par donation ou testament, des deniers avaient été donnés à la femme du failli, avec la clause qu'ils seraient exclus de la communauté, elle reprendra les immeubles, les rentes constituées, ou les inscriptions sur le grand livre de la dette *publique* acquis de ces deniers par elle et en son nom, pourvu que la déclaration d'emploi soit expressément stipulée au contrat d'acquisition, et que l'origine des deniers soit constatée par inventaire ou tout autre acte authentique. »

166. (548.—78.) L'action en reprise résultant des dispositions des art. 164 et 165, ne sera exercée par la femme, qu'à charge des dettes et hypothèques dont les biens seront « valablement grevés. »

167. (549.—79.) La femme ne pourra exercer, dans la faillite, aucune action à raison des avantages portés au contrat de mariage ; et réciproquement, les créanciers ne pourront se prévaloir, dans aucun cas, des avantages faits par la femme au mari, dans le même contrat.

168. (550.—80.) En cas que la femme ait « acquis des biens » ou payé des dettes pour son mari, la présomption légale est qu'elle l'a fait des deniers de son mari « ou de la communauté ; » et elle ne pourra, en conséquence, exercer de ce chef aucune action dans la faillite, « à moins qu'elle ne prouve, par acte authentique, que les deniers lui appartenaient ou étaient exclus de la communauté. »

169. (551.) La femme dont le mari était commerçant à l'époque de la célébration du mariage, n'aura hypothèque, pour les deniers ou effets mobiliers qu'elle justifiera, par actes authentiques, avoir apportés en dot, pour le remploi de ses biens aliénés, pendant le mariage, et pour l'indemnité des dettes par elle contractées avec son mari, que sur

les immeubles qui appartenaient à son mari à l'époque ci-dessus.

170. (552.) Sera, à cet égard, assimilée à la femme dont le mari était commerçant à l'époque de la célébration du mariage, la femme qui aura épousé un fils de négociant, n'ayant, à cette époque, aucun état ou profession déterminée, et qui deviendrait lui-même négociant.

171. (553.) Sera exceptée des dispositions des articles 167 et 169, et jouira de tous les droits hypothécaires accordés aux femmes par le Code civil, la femme dont le mari avait, à l'époque de la célébration du mariage, une profession déterminée, autre que celle de négociant : néanmoins, cette exception ne sera pas applicable à la femme dont le mari ferait le commerce, dans l'année qui suivrait la célébration du mariage.

172. (554) Tous les meubles meublans, effets mobiliers, diamans, tableaux, vaisselle d'or et d'argent, et autres objets, tant à l'usage du mari qu'à celui de la femme, sous quelque régime qu'ait été formé le contrat de mariage, seront acquis aux créanciers, sans que la femme puisse en recevoir autre chose que les habits et linge à son usage, qui lui seront accordés d'après les dispositions des articles 164 et 165.

173. (557.) Les dispositions portées en la présente section ne seront point applicables auxdroits et actions des femmes, acquis avant la publication de la présente loi.

CHAPITRE VI.

DE LA RÉPARTITION ENTRE LES CRÉANCIERS, ET DE LA LIQUIDATION DE L'ACTIF.

174. (558.—82.) Le montant de l'actif du failli, distraction faite des frais et dépenses de l'administration de la faillite, du secours qui a été accordé au failli, et des sommes payées aux privilégiés, sera réparti entre tous les créanciers au marc le franc de leurs créances vérifiées et affirmées.

175. (559.—83.) A cet effet, les syndics remettront, tous les mois, au commissaire, un état de situation de la faillite et des deniers existant en caisse ; le commissaire ordonnera, s'il y a lieu, une répartition entre les créanciers, et en fixera la quotité.

176. (560.—84.) Les créanciers seront avertis, *d'après le mode prescrit par l'art.* 106, des décisions du commissaire et de l'ouverture de la répartition.

177. (561.—85.) Les syndics mentionneront sur le titre, le paiement qu'ils effectueront ; le créancier donnera quittance en marge de l'état de répartition.

178. (562.—86.) Lorsque la liquidation sera terminée, l'union des créanciers sera convoquée à la diligence des syndics, sous la présidence du commissaire ; les syndics rendront leurs comptes, et son reliquat formera la dernière répartition.

Il sera procédé, en cette circonstance, d'après le mode prescrit à l'art. 139.

180. (87.) « Les biens survenus au failli *depuis la cession de biens ou le contrat d'union,* seront dévolus à la masse des créanciers, et la liquidation s'en fera à la requête du

5

créancier le plus diligent, conformément aux dispositions
du présent titre. »

180. *Si le failli a été déclaré excusable, il ne pourra être
inquiété en sa personne, tant qu'il justifiera, par des livres
tenus régulièrement et par autres pièces, que sa position
financière ne s'est pas améliorée.*

181. *S'il résulte de ses livres qu'il a fait des bénéfices, le
Tribunal de commerce déterminera quelle portion de
ces bénéfices appartient aux créanciers, et en ordonnera
al distribution.*

182. *Si les livres ne sont pas tenus régulièrement, et si les
bénéfices sont prouvés, le Tribunal de commerce ordonnera la distribution de leur totalité.*

183. *Dans le cas où le failli n'aurait pas été déclaré excusable, la contrainte par corps ne sera pas suspendue à
son égard, et chaque créancier conservera la faculté de
la faire mettre à exécution, s'il le juge convenable à ses
intérêts; le tout conformément aux dispositions de la
loi du 17 avril 1822.*

CHAPITRE VII.

DE LA REVENDICATION.

184. (576.—1.) En cas de faillite de l'acheteur, le vendeur
« a le droit de revendiquer les marchandises par lui vendues et livrées, et dont le prix ne lui aura pas été payé. »

La revendication aura lieu « dans les cas et aux conditions ci-après désignés. »

185. (577.) La revendication ne pourra avoir lieu que pendant que les marchandises expédiées seront encore en

route, soit par terre, soit par eau, et avant qu'elles soient entrées dans les magasins du failli ou dans les magasins du commissionnaire chargé de les vendre pour le compte du failli.

186. (578.) Elles ne pourront être revendiquées, si, avant leur arrivée, elles ont été vendues sans fraude, sur factures et connaissemens ou lettres de voitures.

187. (577.) En cas de revendication, le revendiquant sera tenu de rendre l'actif du failli indemne de toute avance faite pour fret ou voiture, commission, assurance ou autres frais, et de payer les sommes dues pour les mêmes causes, si elles n'ont pas été acquittées.

188. (580.) La revendication ne pourra être exercée que sur les marchandises qui seront reconnues être identiquement les mêmes, et que lorsqu'il sera reconnu que les balles, barriques ou enveloppes dans lesquelles elles se trouvaient lors de la vente, n'ont pas été ouvertes, que les cordes ou marques n'ont été enlevées ni changées, et que les marchandises n'ont subi, en nature et quantité, ni changement ni altération.

189. (581.) Pourront être revendiquées, aussi long-temps qu'elles existeront en nature, en tout ou partie, les marchandises consignées au failli, à titre de dépôt ou pour être vendues pour le compte de l'envoyeur : dans ce dernier cas même, le prix desdites marchandises pourra être revendiqué, s'il n'a pas été payé ou passé en compte courant entre le failli et l'acheteur.

190. (583.) Dans tous les cas de revendication, excepté ceux de dépôt et de consignation de marchandises, les syndics des créanciers auront la faculté de retenir les marchandises revendiquées, en payant au réclamant le prix convenu entre lui et le failli.

191. (583.) Les remises en effets de commerce, ou en tous autres effets non encore échus, ou échus et non encore payés, et qui se trouveront en nature dans le porte-feuille du failli à l'époque de sa faillite, pourront être revendiquées, si ces remises ont été faites par le propriétaire avec le simple mandat d'en faire le recouvrement et d'en garder la valeur à sa disposition, ou si elles ont reçu de sa part la destination spéciale de servir au paiement d'acceptations ou de billets tirés au domicile du failli.

192. (584.) La revendication aura pareillement lieu pour les remises faites sans acceptation ni disposition, si elles sont entrées dans un compte courant par lequel le propriétaire ne serait que créditeur ; mais elle cessera d'avoir lieu si, à l'époque des remises, il était débiteur d'une somme quelconque.

193. (585.) Dans les cas où la loi permet la revendication, les syndics examineront les demandes : ils pourront les admettre, sauf l'approbation du commissaire : s'il y a contestation, le Tribunal prononcera, après avoir entendu le commissaire.

194. (11.) *La revendication ne pourra être effectuée lorsque le vendeur « aura accepté le réglement de l'acheteur », ou lorsque celui-ci aura accepté des lettres de change tirées par le vendeur pour le prix de sa marchandise.*

TITRE III.

DE LA CESSION JUDICIAIRE DE BIENS.

195. (569.) Le failli qui sera dans le cas de réclamer la cession judiciaire, sera tenu de former sa demande au Tribunal, qui se fera remettre les titres nécessaires : la demande

sera insérée dans les papiers publics, comme il est dit à l'art. 683 du Code de procédure civile.

196. (570.) La demande ne suspendra l'effet d'aucune poursuite, sauf au Tribunal à ordonner , parties appelées, qu'il y sera sursis provisoirement.

197. (571.) Le failli admis au bénéfice de cession, sera tenu de faire ou de réitérer sa cession en personne, et non par procureur , ses créanciers appelés, à l'audience du Tribunal de commerce de son domicile, et , s'il n'y a pas de Tribunal de commerce, à la Maison commune, un jour de séance. La déclaration du failli sera constatée, dans ce dernier cas, par le procès-verbal de l'huissier, qui sera signé par le maire.

198. (572.) Si le débiteur est détenu, le jugement qui l'admettra au bénéfice de cession ordonnera son extraction, avec les précautions en tel cas requises et accoutumées, à l'effet de faire sa déclaration conformément à l'article précédent.

199. (573.) Les nom, prénoms, profession et demeure du débiteur, seront insérés dans des tableaux à ce destinés, placés dans l'auditoire du Tribunal de commerce de son domicile, ou du Tribunal civil qui en fait les fonctions, dans le lieu des séances de la maison commune et à la bourse.

200. (573.) En exécution du jugement qui admettra le débiteur au bénéfice de cession, les créanciers pourront faire vendre les biens, meubles et immeubles du débiteur, et il sera procédé à cette vente dans les formes prescrites pour les ventes faites par union de créanciers.

201. (575.) Ne pourront être admis au bénéfice de cession : 1° les stellionataires, les banqueroutiers frauduleux, les

personnes condamnées pour fait de vol ou d'escroquerie, ni les personnes comptables ;

2° Les étrangers, les tuteurs, administrateurs ou dépositaires.

TITRE IV.

CHAPITRE Ier.

DE LA BANQUEROUTE SIMPLE.

203. (586.) Sera *déclaré* banqueroutier simple, le commerçant failli qui se trouvera dans l'un ou plusieurs des cas suivans :

1° Si les dépenses de sa maison, qu'il est tenu d'inscrire mois par mois sur son livre-journal, sont jugées excessives ;

2° S'il est reconnu qu'il a consommé de fortes sommes au jeu ou à des opérations *fictives de bourse* et de pur hasard ;

3° S'il résulte de son dernier inventaire que son actif étant de cinquante pour cent au-dessous de son passif, il a fait des emprunts considérables, et s'il a revendu des marchandises au-dessous du cours ;

4° S'il a donné des signatures de crédit *ou de complaisance* ;

5° *Si, n'ayant pas d'associé, il a fait l'annonce d'une compagnie* ;

6° *S'il ne représente pas tous ses livres* ;

7° *Si, dans les vingt jours qui ont précédé la faillite, il a payé des créanciers de préférence à tous les autres.*

204. (587.) Pourra être poursuivi comme banqueroutier simple et être déclaré tel :

1° Le failli qui n'aura pas fait au greffe la déclaration prescrite par l'art. 6 ;

2o Celui *qui n'aura pas déposé son bilan ou ne l'aura pas remis au syndic provisoire;*

3o Celui qui, s'étant absenté, ne s'est pas présenté en personne au syndic provisoire, dans les délais fixés ;

4o Celui qui présentera des livres irrégulièrement tenus, sans que, néanmoins, les irrégularités indiquent de fraude ;

5o Celui qui, ayant une société, ne se sera pas conformé à l'article 6.

CHAPITRE II.

DE LA BANQUEROUTE FRAUDULEUSE.

205. (593.) Sera déclaré banqueroutier frauduleux le commerçant failli qui se trouvera dans un ou plusieurs des cas suivans :

1o S'il a supposé des dépenses ou des pertes, ou ne justifie pas de l'emploi de toutes ses recettes ;

2o S'il a détourné aucune somme d'argent, aucune dette active, aucune marchandise, denrées ou effets mobiliers;

3o S'il a fait des ventes, négociations ou donations supposées ;

4o S'il a supposé des dettes passives et collusoires entre lui et des créanciers fictifs, en faisant des écritures simulées ou en se constituant débiteur, sans cause ni valeur, par des actes publics, ou par des engagemens sous signature privée ;

5o Si, ayant été chargé d'un mandat spécial ou constitué dépositaire d'argent, d'effets de commerce, de denrées ou marchandises, il a, au préjudice du mandat ou du dépôt, appliqué à son profit les fonds ou la valeur des objets sur lesquels portait, soit le mandat, soit le dépôt.

6º S'il a acheté des immeubles ou des effets mobiliers la faveur d'un prête-nom ;

7º S'il a caché ses livres ;

8º *S'il a annoncé des capitaux imaginaires.*

206. (594.) Pourra être poursuivi comme banqueroutier frauduleux, et être déclaré tel,

1º Le failli qui n'a pas tenu de livres ou dont les livres ne présenteront pas sa véritable situation active et passive ;

2º Celui qui, ayant obtenu un sauf-conduit, ne se sera pas représenté à justice.

207. (597.) Seront déclarés complices des banqueroutiers frauduleux, et seront condamnés aux mêmes peines que l'accusé, les individus qui seront convaincus de s'être entendus avec le banqueroutier pour recéler ou soustraire tout ou partie de ses biens meubles ou immeubles ; d'avoir acquis sur lui des créances fausses, et qui, à la vérification et à l'affirmation de leurs créances, auront persévéré à les faire valoir comme sincères et véritables.

CHAPITRE III.

DE LA POURSUITE DES BANQUEROUTES.

208. (596.) Les cas de banqueroute seront poursuivis d'office par les procureurs du roi, sur la notoriété publique, sur le renvoi des Tribunaux de commerce, ou sur la dénonciation, soit d'un syndic, soit d'un créancier.

Elle aura lieu aux frais de l'état, sauf le cas où, ayant été exercée sur la dénonciation d'un créancier, le failli serait déchargé de l'accusation.

Sera assimilée à la dénonciation d'un créancier, celle du syndic non approuvée par le juge-commissaire.

209. (596.) Lorsque le prévenu aura été atteint et déclaré coupable des délits énoncés dans les articles précédens, il sera puni des peines portées au Code pénal pour la banqueroute.

210. (598.) Le même *arrêt* qui aura prononcé les peines contre les complices de banqueroutes frauduleuses, les condamnera, 1° à réintégrer à la masse des créanciers les biens, droits et actions frauduleusement soustraits; 2° à payer envers ladite masse des dommages-intérêts égaux à la somme dont ils ont tenté de la frauder.

211. (599.) Les arrêts des Cours d'assises contre les banqueroutiers et leurs complices seront affichés, et, de plus, insérés dans un journal, conformément à l'art. 683 du Code de procédure civile.

CHAPITRE III.

DE L'ADMINISTRATION DES BIENS, EN CAS DE BANQUEROUTE.

212. (600.) Dans tous les cas de poursuite et de condamnation en banqueroute simple ou en banqueroute frauduleuses, les actions civiles, autres que celles dont il est parlé dans l'art. 210, resteront séparées, et toutes les dispositions relatives aux biens, prescrites pour la faillite, seront exécutées, sans qu'elles puissent être attirées, attribuées ni évoquées aux Tribunaux de police correctionnelle, ni aux Cours d'assises.

213. (601.) Seront, cependant, tenus les syndics de la faillite, de remettre aux procureurs du roi et à leurs substituts toutes les pièces, titres, papiers et renseignemens qui leur seront demandés.

214 (602.) Les pièces, titres et papiers délivrés par les syndics seront, pendant le cours de l'instruction, tenus en
état de communication par la voie du greffe; cette communication aura lieu sur la réquisition des syndics, qui pourront y prendre des extraits privés, ou en recueillir d'officiels
qui leur seront expédiés par le greffier.

215. (603.) Lesdites pièces, titres et papiers seront, après
l'arrêt, remis aux syndics qui en donneront décharge, sauf
néanmoins les pièces dont *l'arrêt* ordonnerait le dépôt judiciaire.

TITRE V.

DE LA RÉHABILITATION.

216. (604.) Toute demande en réhabilitation de la part du
failli, sera adressée à la Cour royale dans le ressort de
laquelle il sera domicilié.

216. (605.) Le demandeur sera tenu de joindre à sa pétition
les quittances, *les livres tenus par lui depuis l'ouverure
de la faillite, et toute autre pièce* justifiant qu'il a acquitté
intégralement toutes les sommes par lui dues, en principal,
intérêts et frais.

217. (606.) Le procureur-général près la Cour royale, sur la
communication qui lui aura été faite de la requête, adressera
une expédition de la pétition certifiée de lui, *tant* au procureur du roi près le Tribunal d'arrondissement, *qu'*au président du Tribunal de commerce du domicile du pétitionnaire,
et, s'il a changé de domicile depuis la faillite, au président
du Tribunal de commerce dans l'arrondissement duquel
elle a eu lieu, en les chargeant de recueillir tous les rensei-

gnémens qui seront à leur portée, sur la vérité des faits qui auront été exposés.

218. (607.) A cet effet, à la diligence tant du procureur du roi que du président du Tribunal de commerce, copie de ladite pétition restera affichée, pendant un délai de deux mois, tant dans les salles d'audiences de chaque Tribunal, qu'à la Bourse et à la Maison commune, et sera insérée, par extrait, dans les papiers publics.

219. (608.) Tout créancier qui n'aura pas été payé intégrale-lement de sa créance en principal, intérêts et frais, et toute autre partie intéressée, pourront, pendant la durée de l'af-fiche, former opposition à la réhabilitation, par simple acte au greffe, appuyé des pièces justificatives, s'il y a lieu. Le créancier opposant ne pourra jamais être partie dans la procédure tenue pour la réhabilitation, sans préjudice toute-fois de ses autres droits.

220. (666.) *Toutes les pièces produites par le failli à l'ap-pui de sa demande, seront transmises au président du Tribunal de commerce du domicile où la faillite a été ouverte, lequel déléguera trois juges à leur examen.*

Ces juges feront leur rapport au Tribunal de com-merce en assemblée générale, et les pièces seront dépo-sées sur le bureau de justice, afin que chacun des mem-bres puisse en faire tel examen qu'il jugera convenable.

Il sera dressé procès-verbal de ce qui aura été dit dans cette assemblée; les observations présentées, même par un seul membre, quoique non partagées par la majo-rité, y seront consignées, afin qu'elles puissent être appréciées par la Cour.

221. (609.) Après l'expiration de deux mois, le procureur du roi et le président du Tribunal de commerce transmettront,

chacun-séparément , au procureur-général près la Cour royale , les renseignemens qu'ils auront recueillis , les oppositions qui auront pu être formées, et les connaissances particulières qu'ils auraient sur la conduite du failli; ils y joindront leur avis sur sa demande.

Le président du Tribunal de commerce joindra à son envoi une expédition du procès-verbal dont la tenue est prescrite à l'art. 220.

222. (610.) Le procureur-général près la Cour royale fera rendre, sur le tout, arrêt portant admission ou rejet de la demande en réhabilitation.

223. (611.) L'arrêt portant réhabilitation sera adressé, tant au procureur du roi qu'au président des tribunaux auxquels la demande aura été adressée. Ces tribunaux en feront faire la lecture publique et la transcription sur leurs registres.

224. (614.) Nul commerçant failli ne pourra se présenter à la Bourse, à moins qu'il n'ait obtenu sa réhabilitation.

FIN DU LIVRE III.

www.ingramcontent.com/pod-product-compliance
Lightning Source LLC
Chambersburg PA
CBHW070912210326
41521CB00010B/2156